BEI GRIN MACHT SICH IHR WISSEN BEZAHLT

Bibliografische Information der Deutschen Nationalbibliothek:

Die Deutsche Bibliothek verzeichnet diese Publikation in der Deutschen National-
bibliografie; detaillierte bibliografische Daten sind im Internet über http://dnb.d-
nb.de/ abrufbar.

Impressum:

Copyright © 2017 GRIN Verlag
Druck und Bindung: Books on Demand GmbH, Norderstedt Germany
ISBN: 9783668872868

Sarah Werner

Einsendeaufgabe Gruppentraining. Motorische Fähigkeiten im Kursbereich, externe Bedingungen einer Kurseinheit und Planung einer Wirbelsäulengymnastik

GRIN Verlag

Deutsche Hochschule für
Prävention und Gesundheitsmanagement
Hermann Neuberger Sportschule 3
66123 Saarbrücken

Einsendeaufgabe

Fachmodul: Gruppentraining 1

Studiengang: Fitnesstraining

Name, Vorname: Werner, Sarah

Studienort: **Frankfurt**

Semester: **WS 2017**

Inhaltsverzeichnis

1 Motorische Fähigkeiten im Kursbereich

Die motorischen Fähigkeiten wie Kraft, Ausdauer, Beweglichkeit und Koordination werden im Kursbereich sehr häufig trainiert. Hierbei lassen sich die Fähigkeiten noch in weitere Untergliederungen aufteilen, welche im folgenden Text genau benannt und anhand von Beispielen niedergelegt werden.

1.1 Kraft

Die motorische Fähigkeit Kraft lässt sich in drei verschiedene Erscheinungsformen untergliedern. Diese sind die Maximalkraft, die Kraftausdauer und die Schnellkraft.

1.1.1 Maximalkraft

„Die Maximalkraft ist die höchstmögliche realisierbare Kraft, die das Nerv-Muskel-System bei maximaler willkürlicher Kontraktion auszuüben vermag" (Studienbrief Gruppentraining 1; zitiert nach -Martin et al.-, 1993, S. 103).

1.1.2 Kraftausdauer

„Die Kraftausdauer charakterisiert die Widerstandsfähigkeit gegen Ermüdung bei statischer oder dynamischer Arbeitsweise der Muskulatur gegen höhere Lasten (mehr als 30% der Maximalkraft).

Die Kraftausdauer kennzeichnet damit die Fähigkeit, den Kraftverlust bei einer bestimmten Wiederholungszahl von Kraftstößen innerhalb eines bestimmten Zeitraums möglichst gering zu halten" (Studienbrief Gruppentraining 1; zitiert nach -Martin et al.-, 1993, S. 107-108).

1.1.3 Schnellkraft

„Schnellkraft ist die Fähigkeit, innerhalb kürzester Zeit einen möglichst hohen Kraftstoß zu realisieren" (Studienbrief Gruppentraining 1; zitiert nach -Martin et al.-, 1993, S. 104)

1.1.4 Kraftübungen im Kursbereich

1. Kniehebelauf (auf der Stelle)

   2x 30 – 50 Wiederholungen

   ⇨ Kraftausdauer

Ausgangsposition:

- Füße hüftbreit voneinander entfernt
- Aufrechte Körperhaltung, Blick nach vorne gerichtet
- Arme seitlich herunter hängen lassen (leicht angewinkelt)

Bewegung:

- Sprung von dem einen Bein auf das Andere
- Knie im Wechsel so hoch wie möglich ziehen (Hüfthöhe)
- Arme schwingen seitlich mit, mit den Fußballen aufsetzen

Endposition:

- Gleicht der Ausgangsposition

2. Pistol Squat (Kniebeuge einbeinig)

   3x 6 – 12 Wiederholungen

   ⇨ Schnellkraft

Ausgangsposition:

- Einbeinstand mit durchgestreckten Knien
- Freies Bein wird leicht vor dem Körper gehalten
- Arme helfen die Balance zu bewahren

Bewegung:

- Gesäß nach hinten absenken, Körperschwerpunkt nähert sich dem Boden
- Oberkörper leicht nach vorne beugen

Endposition:

- Tiefster Punkt: Knie des Standbeins weitmöglichst gebeugt
- Freies Bein ohne den Boden zu berühren senkrecht nach vorne führen
- Arme zeigen senkrecht nach vorne

  Körper durch die Kraft des Oberschenkels in die Ausgangsposition zurück

  bewegen

1.2 Ausdauer

„Ausdauer ist die Fähigkeit, physisch und psychisch lange einer Belastung zu widerste-
hen, deren Intensität und Dauer letztendlich zu einer unüberwindbaren (manifesten)
Ermüdung (= Leistungsbuße) führt, und/oder sich nach physischen und psychischen
Belastungen rasch zu regenerieren" (Studienbrief Gruppentraining 1; zitiert nach -Zintl-,
1997, S. 28).

1.2.1 Untergliederung der Ausdauer

Tabelle 1: Untergliederung der Ausdauer

Eingesetzte Muskulatur	Allgemeine Ausdauer	Lokale Ausdauer
	Mehr als 1/6 der gesamten Muskelmasse wird bei Ausdauerbelastung eingesetzt z.B. Fahrrad fahren, Laufen, Schwimmen + alle gängigen Ergometerbelastungen im Fitnessstudio	Weniger als 1/6 der gesamten Muskelmasse wird bei Ausdauerbelastung beansprucht, z.B. „Kurzhantel-Curls" mit einem Gewicht, welches weniger als 30% der Maximalkraft für diese Übung beträgt
Energiebereitstellung	**Aerobe Ausdauer**	**Anaerobe Ausdauer**
	Sauerstoffabhängig Den Muskelzellen steht genügend Sauerstoff zur Verfügung, um mit Sauerstoff Kohlenhydrate und Fettsäuren in den Mitochondrien zu verbrennen. Es besteht ein Gleichgewicht zwischen Sauerstoffaufnahme und Sauerstoffverbrauch. => Dauerlauf	Sauerstoffunabhängig Die Energiebereitstellungsprozesse in der Muskelzelle laufen in der Muskelzelle ohne die Beteiligung von Sauerstoff ab. => 400-Meter-Sprint
Muskelarbeitsweise	**Statische Ausdauer**	**Dynamische Ausdauer**
	Durch die Ermüdungswiderstandsfähigkeit der Muskulatur bei statischer Arbeitsweise wird die statische Ausdauer charakterisiert. Die Muskellänge verändert sich nicht, dafür aber die Muskelspannung.	Die dynamische Ausdauer ist durch einen rhythmischen Wechsel von Spannung und Entspannung der Arbeitsmuskulatur gekennzeichnet, wodurch es insgesamt zu einer besseren Blutzufuhr zum Muskel kommt. Somit ist einer aerobe Energiebereitstellung auch bei stärkeren Muskelspannungen möglich.
Belastungsdauer	**Kurz-, Mittel- und Langzeitausdauer**	
	Der Bereich der allgemeinen aeroben dynamischen Ausdauer wird in die sogenannte Kurzzeitausdauer (Belastungsdauer zwischen 35 – 120 Sekunden), Mittelzeitausdauer (Belastungen zwischen 2 – 10 Minuten) und Langzeitausdauer (Belastung zwischen 10 – 90 Minuten) unterteilt (Eifler, 2018).	

1.2.2 Inhalte/Bewegungsformen eines ausdauerorientierten Kursangebotes (Zumba)

In Zumba – Kursen werden auf einzelne Musikstücke, meist mit lateinamerikanischem Charakter, Choreografen absolviert. Das Besondere an Zumba ist, dass die Bewegungen nur non-verbal vermittelt werden und das Gefühl für die Musik sowie der Spaß an der Bewegung einen großen Stellenwert einnehmen (Eifler). Zudem ist Zumba ein Ganzkörper-Workout in Form eines Intervalltrainings. Beim aeroben Training wird die Fettverbrennung angekurbelt, während bei den anaeroben Phasen das Herz-Kreislauf-System gestärkt wird. Je nach Leistungslevel und Zielgruppe wird der Körper geformt und gestärkt (Leitner, 2018).

1.3 Beweglichkeit

„Beweglichkeit ist die Fähigkeit, Bewegungen willkürlich und gezielt mit der erforderlichen bzw. optimalen Schwingungsweite der beteiligten Gelenke ausführen zu können" (Studienbrief Gruppentraining 1; zitiert nach -Martin et al.-, 1993, S. 214)

1.3.1 Einflussfaktoren
- Gelenkigkeit
- Dehnfähigkeit
- Kraftfähigkeit
- Alter
- Geschlecht
- Psyche

1.3.2 Dehnungsformen
Um die Dehnfähigkeit zu verbessern, wurden verschieden Dehnmethoden kreiert. Alle Dehnmethoden lassen sich miteinander kombinieren. (Eifler, 2018)

Tabelle 2: Dehnungsformen

Aktives Dehnen	Dehnung durch Antagonistenkontraktion
Passives Dehnen	Dehnung durch nicht antagonistische Muskeln und/oder externe Faktoren
Statisches Dehnen	Keine Bewegung während der Dehnung; haltendes Dehnen
Dynamisches Dehnen	Wechsel zwischen Dehnung und Spannung; Bewegung während der Dehnung

1.3.3 Dehnübungen im Kursbereich

Umso beweglicher die Gelenke und umso geschmeidiger die Muskulatur ist, desto weniger verletzungsanfällig und somit auch mobiler im Alltag ist ein Mensch. Dehnen ist dafür da, um die Gelenkmobilität zu verbessern, das allgemeine Wohlbefinden zu steigern, die Regeneration zu fördern, die Elastizität in der Muskulatur und im Sehnen-Kapsel-Apparat zu erhöhen und somit Bewegungen zu ökonomisieren und zu erleichtern, ein ausgewogenes Verhältnis von Spannung und Entspannung in der Skelettmuskulatur herzustellen, um so die Gelenke funktions- und leistungsfähiger zu halten (Eifler).

1. Dehnung der Gesäßmuskulatur
   ⇨ Statisches Dehnen

Ausgangsposition:
- In Rückenlage auf die Gymnastikmatte legen
- Ein Bein anwinkeln
- Das Knie des angewinkelten Beines mit den Armen an den Oberkörper
- heranziehen

Bewegungsablauf:
- Bei Einatmung, Position halten
- Beim Ausatmung, tiefer in die Dehnung gehen und das Knie weiter heranziehen

2. Dehnung des Oberschenkels
   ⇨ Dynamisches Dehnen

Ausgangsposition:
- Mit einer Hand das Schienbein am untersten Ende umfassen
- Ferse zum Gesäß ziehen
- Knie zusammen drücken, Hüfte nach vorne schieben

1.4 Koordination

„Aus neuromuskulärer Sicht bezeichnet Koordination das Zusammenwirken von Zentralnervensystem und Skelettmuskulatur innerhalb eines gezielten Bewegungsablaufes" (Studienbrief Gruppentraining 1; zitiert nach -Hollmann & Hettinger-, 1990, S- 143).

1.4.1 Untergliederung der Koordination

Koordination stellt die Grundlage dar, Bewegungen neu und schnell zu erlernen sowie sie gezielt und ökonomisch auszuführen. Umso besser die koordinativen Fähigkeiten, umso präziser können Bewegungsabläufe erfolgen. Zudem hat die Koordination Auswirkung auf folgendes: ein verminderter Energieaufwand, eine Reduzierung des Sauerstoffbedarfs, eine erhöhte Leistungsfähigkeit, eine geringere Ermüdung und ein verminderter Krafteinsatz (Eifler, 2018). Die Koordination lässt sich in zwei Bereiche gliedern.

Intramuskuläre Koordination: Zusammenspiel von Nerv- und Muskelfasern innerhalb eines Muskels bei einer Bewegung

Intermuskuläre Koordination: Zusammenspiel von verschiedenen beteiligten Muskeln bei einer Bewegung

1.4.2 Übungen zur Verbesserung der intermuskulären Koordination

1. Einbeinige Kniebeuge mit Ball

- 60cm vor dem Gymnastikball stellen, Hände auf die Hüfte legen
- Ein Bein nach hinten strecken und den Fuß auf den Gymnastikball legen
- Kinn parallel zum Boden und eine natürliche Krümmung im
- unteren Rückenbereich
- Bauchmuskeln anspannen
- Hüfte zum Boden senken bis das vordere Knie einen 90°-Winkel bildet

Begründung:

Bei dieser Übung werden zahlreiche Muskeln der tieferen Muskulatur aktiviert. Ebenfalls können hierbei muskuläre Dysbalancen ausgeglichen werden und das Risiko von Verletzungen und Rückenschmerzen kann gemindert werden.

2. Rudern mit dem Thera-Band

Ausgangsposition:

- Gesundheitsschonend auf den Boden setzen
- Die Beine leicht angewinkelt aufstellen, Fußzehen zeigen in Richtung Decke
- Aufrichten, Brustbein anheben und aufrecht hinsetzen
- Blick nach vorne richten, Körperspannung / Körperhaltungen beibehalten
- Mit der linken und rechten Hand jeweils die Enden des Therabandes umfassen
- Handflächen sind nach innen gedreht und der Daumen ruht auf dem Band

Endposition:
- Theraband seitlich an den Beinen vorbei in Richtung Brustbein ziehen
- Ellenbogen eng am Körper entlangführen und Schulterblätter zusammenziehen
- Arme anschließend wieder nach vorne bewegen (durchstrecken vermeiden)

Begründung:

Diese Übung spezialisiert sich hauptsächlich auf den breiten Rückenmuskel, welcher den Rumpf stabilisiert und es ermöglicht, die Arme an den Körper heran zu ziehen. Weiterhin unterstützt er die tiefe Rückenmuskulatur bei der Stabilisierung der Wirbelsäule. Daher ist es wichtig, mit Hilfsmitteln diesen Muskel gezielt zu trainieren.

2 Externe Bedingungen einer Kurseinheit

Um eine Kurseinheit inhaltlich planen zu können, sind vorab gewisse externe Bedingungen zu beachten, welche unbedingt notwendig sind. Zu den externen Bedingungen gehören die Rahmenbedingungen, die Zielgruppe sowie die Zielsetzung.

2.1 Die Rahmenbedingungen

Zu den Rahmenbedingungen gehören die Räumlichkeiten, die Ausstattung, aber auch das Klima und die Tageszeit.

Zuerst ist es wichtig zu wissen, in welchem Raum (Raumgröße u. Raumform) der Kurs stattfindet, um diesen optimal darauf abstimmen zu können. Hierbei ist nämlich zu beachten, dass 3-4qm pro Teilnehmer eingeplant werden sollten. Sollte dies zu Beginn der Kurseinheit nicht beachtet werden, so kann es zu Platzproblemen kommen und somit können die Teilnehmer eventuell nicht wie gewollt die geplanten Übungen ausführen. Daher wäre es wichtig, bereits vorab zu planen, welche Räumlichkeit dem Trainer zur Verfügung steht und wie viele Teilnehmer somit an dem Kurs teilnehmen können. Ebenfalls sollte sich darüber informiert werden, ob sich in dem Kursraum Säulen oder Ähnliches befinden, da diese nochmal einen deutlichen Effekt auf die Kurseinheit haben, da dadurch weniger Platz, aber auch schwierige Sicht zum Trainer möglich ist. Zudem muss überprüft werden, welche Kleingeräte bzw. Hilfsmittel in welcher Anzahl vorhanden sind. Damit ist beispielsweise gemeint, dass ausreichend Gymnastikmatten bei einer Wirbelsäulengymnastik vorhanden sind. Sollte dies nämlich der Fall sein, ist es nicht für jeden Teilnehmer möglich, an der Kurseinheit teilnehmen zu können.

2.2 Zielgruppe

Zur Zielgruppe gehören die Gruppengröße, das Alter, das Geschlecht sowie das Leistungslevel.

Mit dem Alter ist gemeint, dass die Kurseinheit (Ziel der Kurseinheit u. Inhalt) auf eine bestimmte Altersgruppe ausgelegt sein sollte. Somit wird darauf geachtet, dass effektiv gearbeitet werden kann. Bei älteren Teilnehmern sollte zum Beispiel das Warm-Up länger ausgeführt werden, als bei jüngeren Teilnehmern. Sollte darauf nicht geachtet werden, so kann es zu Verletzungen in der Kurseinheit kommen. Zudem ist es wichtig in bestimmten Kurseinheiten, beispielsweise eines Reha-Kurs, das Alter zu wissen. Meist befinden sich in solchen Kursen eher ältere Teilnehmer und dementsprechend ist das Leistungslevel dadurch niedriger und so muss die Gruppengröße reduziert werden, um die Teilnehmer individueller unterstützen zu können.

Ebenso wichtig ist aber auch das Leistungslevel. Hierbei unterscheidet man zwischen Anfänger und Fortgeschrittener. Dadurch, dass das Leistungslevel für jeden Kurs angewandt wird, kann effektiver und zielgerichteter gearbeitet werden und somit kommen die Teilnehmer schneller zu ihrem Erfolg. Sollte ein Kurs keinem Leistungslevel entsprechen, so kann es nämlich passieren, dass sich die Anfänger überfordert fühlen, die Fortgeschrittenen sich aber im Gegenzug auch langweilen könnten. Dementsprechend empfiehlt sich eine Unterteilung der Kurse, sofern die Teilnehmerzahl dies zulässt.

2.3 die Zielsetzung

Mit der Zielsetzung ist gemeint, dass man festlegen sollte, welche Ziele mit dieser Kurseinheit erzielt werden sollen. Die Ziele entscheiden sich wie folgt:
Langfristige bzw. allgemeine Ziele beziehen sich auf die Verbesserung der sportmotorischen Fähigkeiten (Kraft, Ausdauer, Beweglichkeit, Koordination) und Gruppentraining. Hierbei spricht man also von einem Gesamtprozess, während sich die kurzfristigen bzw. speziellen Ziele aus beispielsweise das Erlernen einer Schrittfolge/Übung oder auf die konkrete Stunde bezieht. Damit dies aber problemlos funktioniert, ist es wichtig, dass der Trainer bereits vor Beginn der Kurseinheit die Teilnehmer über die Zielsetzung des folgenden Kurses informiert.

3 Planung einer Wirbelsäulengymnastik

Um die Wirbelsäulengymnastik - Kurseinheit problemlos inhaltlich planen zu können, wird vorab geklärt, um welche Zielgruppe es sich in der Kurseinheit handeln soll, aber auch welches Material benötigt wird, damit der Kurs sicher vonstattengehen kann. Die allgemeinen Ziele der Wirbelsäulengymnastik sind neben der Prävention und der Verbesserung der Körperwahrnehmung, der Ausgleich von muskulären Dysbalancen und die Steigerung der physischen und psychischen Entspannungsfähigkeit. Hier liegt der Fokus stets auf der Prävention von Rückenschmerzen, welche durch funktionsgymnastische Kurseinheiten, gemindert werden sollen. In dem folgenden dargestellten Kurs liegt der Schwerpunkt auf der Kräftigung der rumpfstabilisierenden Muskulatur, vor allem auf der Bauch- und der Rückenmuskulatur mit Hilfe des Gymnastikballes. Übungen zur Körperwahrnehmung, Mobilisation, Haltungsschulung und Entspannung werden daher zusätzlich zur Kräftigungs- und Dehnübungen durchgeführt. Ein wichtiges Augenmerk wird auf die saubere Bewegungsausführung gelegt. Bei der Auswahl und Zusammenstellung der Inhalte wird darauf geachtet, dass es von leichten Übungen zu schweren Übungen, von Einfachen zu Komplexen und von Bekannten zum Unbekannten geht. Zudem wird die Musikgeschwindigkeit auf 90 – 120 bpm ausgelegt (Eifler, 2018).

3.1 Zielgruppe

Gruppengröße: bis zu maximal 16 Teilnehmer

Geschlecht: weiblich und männlich

Alter: 25 – 65 Jahre

Leistungslevel bzw. Vorkenntnisse der Teilnehmer: Fortgeschrittene, die voll belastbar sind und die bereits mehrfach an einer Wirbelsäulengymnastik Kurseinheit teilgenommen haben

3.2 Material

Kleingeräte:

- Handtuch
- Gymnastikmatte
- Gymnastikball
- Kleiner Pezziball

3.3 Stundenplanung

Tabelle 3: Einleitung der Kurseinheit Wirbelsäulengymnastik

Einleitung – Begrüßung (2 Minuten) Begrüßung der Teilnehmer mit Nennung der Zielsetzung für die kommende Stunde allgemeine Sicherheits-, Technik- und Trainingshinweisen Motivation		
Einleitung – Allgemeines Warm Up (4 Minuten)		
Beinbewegung	Armbewegung	Bemerkungen / Hinweise
March rechts / links	-	Lineare Progression als Methode, Schritt wird eingeführt
March rechts / links	Biceps Curl (Armbeugen)	Schritt bleibt, Armbewegung wird eingeführt
Side to Side rechts / links	Biceps Curl (Armbeugen)	Armbewegungen bleiben, Schritt ändert sich
Side to Side rechts / links	Upright Row (Aufrechtes Rudern)	Schritt bleibt, Armbewegungen ändern sich
Knee Lift rechts / links	Upright Row (Aufrechtes Rudern)	Armbewegungen bleiben, Schritt ändert sich
Knee Lift rechts / links	Chest Press (Brustdrücken)	Schritt bleibt, Armbewegungen ändern sich
Leg Curl rechts / links	Chest Press (Brustdrücken)	Armbewegungen bleiben, Schritt ändert sich

Tabelle 4: Einleitung der Kurseinheit Wirbelsäulengymnastik

Einleitung – spezielles Warm Up (4 Minuten)
Vorbereitung für die im Hauptteil hauptsächlich beanspruchte Muskulatur, saubere Bewegungsausführung

Ziel der Übung	Übungsbezeichnung / Name der Übung	Übungsbeschreibung	Belastungsgefüge	Bemerkungen / Hinweise
Mobilisation im Halswirbel-säulen-Bereich	Dehnung der Nacken-muskulatur (dynamisch) im Stand	AP: hüftbreiter Stand, Blick nach vorne, Kopf zur Seite neigen, die zur Kopfneigung gegenüberliegende Schulter aktiv nach unten ziehen, Seitenwechsel	Jeweils 10 Sekunden pro Seite	Schulter für die dynamische Drehung leicht nach oben heben und nach unten senken
Mobilisation im Brustwirbel-säulen-Bereich	Dehnung der Brustmus-kulatur (dynamisch) im Stand	AP: hüftbreiter Stand, Hände hinter dem Körper verschränken, Handflächen zeigen zueinander, gestreckte Arme aktiv nach unten ziehen, Position des Oberkörpers verändert sich nicht	10 Sekunden	Arme für die dynamische Drehung leicht anheben und absenken
Mobilisation der Rumpfmus-kulatur (quere Bauchmusku-latur)	Rumpfrotation mit dem Gymnastikball	Teilnehmer stellen sich in einem Kreis auf, ca. 2 Armlängen Abstand voneinander, jeder Teilnehmer bekommt einen Gymnastikball, mit ausgestreckten Armen vor sich halten, Ball mit Rumpfrotation in Richtung Nachbar führen, Seitenwechsel	Ca. 60 Sekunden	Kopf dreht sich gleicherma-ßen wie der Rumpf
Mobilisation der Rumpfmus-kulatur (seitliche Bauchmus-kulatur)	Lateralflexion mit dem Gymnastikball	Teilnehmer stellen sich auf, ca. 2 Armlän-gen Abstand voneinander, jeder Teilneh-mer bekommt einen Gymnastikball, Ball wird über dem Kopf gehalten, mit Hilfe ei-ner Lateralflexion wird der Ball in Richtung Nachbar geführt, Seitenwechsel	Ca. 60 Sekunden	Blick folgt der Bewegung

Tabelle 5: Hauptteil der Kurseinheit Wirbelsäulengymnastik

		Hauptteil (25 Minuten) Kräftigung der rumpfstabilisierenden Muskulatur		
Ziel der Übung	Übungsbezeichnung / Name der Übung	Übungsbeschreibung	Belastungsgefüge	Bemerkungen / Hinweise
Kräftigung der geraden Bauchmuskulatur	Crunches (Bauchpresse) mit dem Pezziball	In Rückenlage auf der Matte, Beine in ca. 90° Hüft- und Knieflexion, Pezziball zwischen den Knien, Oberkörper so weit abheben bis die Schulterblätter keinen Bodenkontakt mehr haben, Knie anziehen und Pezziball mit den Oberschenkeln zusammenpressen	3x Ca. 60 Sekunden	Blick in Richtung Decke, zwischen Kinn und Hals sollte eine Faust passen
Stabilisationsübung zur Kräftigung der unteren Rückenmuskulatur und der Beinmuskulatur (Gesäß und Beinbizeps)	Becken heben / Glute Bridge	Teilnehmer liegen mit dem Schultergürtel auf dem Ball, Füße stehen auf dem Boden, Becken ist angehoben sodass der Rumpf mit den Oberschenkeln eine gerade Linie bildet, Kniegelenke über Sprunggelenken in einer Linie	3x Ca. 60 Sekunden	Schwierigkeitsgrad: abwechselnd ein Bein ausstrecken
Kräftigung der seitlichen Bauchmuskulatur	Russian Twist	Sitzend, Beine leicht anwinkeln, Gymnastikball mit ausgestreckten Händen mit Hilfe der Rumpfrotation links und rechts auf die Matte tippen	3x Ca. 60 Sekunden	Rotation im gesamten Rumpf, Blick folgt dem Gymnastikball
Kräftigung Rückenmuskulatur (großer Rautenmuskel, breiter Rückenmuskel, Trapezmuskel)	Butterfly Reverse	Teilnehmer liegen auf dem Gymnastikball, dieser befindet sich unter der Hüfte, Oberkörper ist angehoben und bildet eine gerade Linie, Arme in 90° Abduktion und 90° Flexion neben dem Körper, Arme absenken und unter Zusammenziehen der Schulterblätter anheben, anschließend Arme nach vorne strecken	3x Ca. 60 Sekunden	Blick in Richtung Gymnastikmatte

Tabelle 6: Hauptteil der Kurseinheit Wirbelsäulengymnastik

Ziel der Übung	Übungsbezeichnung / Name der Übung	Übungsbeschreibung	Belastungsgefüge	Bemerkungen / Hinweise
		Hauptteil (25 Minuten) Kräftigung der Rumpfmuskulatur		
Kräftigung ortsständige Rückenmuskulatur	Rumpfbeugen auf dem Gymnastikball	Ausgangsposition wie zuvor auf dem Gymnastikball, Arme angewinkelt am Kopf, Rumpf aus dieser Position in Richtung Boden beugen und wieder aufrichten	3x Ca. 60 Sekunden	Arme können nach vorne gestreckt werden, um die Übung zu vereinfachen
Kräftigung Gesäßmuskulatur + ortsständige Rückenmuskulatur	Superman	Ausgangsposition wie zuvor auf dem Gymnastikball, Arme stützen sich auf dem Boden ab, Oberkörper aufgerichtet, abwechselnd Arm und Bein auf entgegengesetzten Seiten anheben, d.h. rechter Arm mit linkem Bein und umgekehrt	3x Ca. 60 Sekunden	Übungen werden koordinativ immer anspruchsvoller, zweite Einheit legt den Schwerpunkt auf die Rückenmuskulatur, jeweils alle Übungen nacheinander durchführen und drei Durchgänge absolvieren
Isometrische Kräftigung der tiefen Rumpfmuskulatur (Bauch- und ortsständige Rückenmuskulatur)	Unterarmstütz / Plank	Ausführung wie bei einer normalen Unterarmstütz, jedoch werden die Arme auf dem Gymnastikball abgelegt, die Fußspitzen berühren den Boden, der Körper bildet eine gerade Linie, Körperspannung halten	3x Ca. 60 Sekunden	Um die Übung zu vereinfachen, können die Knie aufgesetzt werden; Schwierigkeitsgrad: Beine abwechselnd vom Boden abheben; Der Blick geht schräg nach unten
Koordination und Kräftigung diagonaler Rückenmuskelketten	Vierfüßlerstand	Vierfüßlerstand, Arm und Bein diagonal vom Boden abheben und strecken, Knie unter dem Hüftgelenk, Blick geht nach unten, Ellenbogen und Knie diagonal zusammenführen, Seitenwechsel	4x Ca. 60 Sekunden	Kopf ist in Verlängerung der Wirbelsäule, Bauch anspannen

Tabelle 7: Schlussteil der Kurseinheit Wirbelsäulengymnastik

Cool Down (8 Minuten)				
Erhaltung der Beweglichkeit, Einleitung der Regeneration, Steigerung des Wohlbefindens, ruhiger Ausklang der Stunde				
Ziel der Übung	Übungsbezeichnung / Name der Übung	Übungsbeschreibung	Belastungsgefüge	Bemerkungen / Hinweise
Dehnung der ischiocruralen Muskulatur	Dehnung der Gesäßmuskulatur in Rückenlage (statisch)	AP: Rückenlage, ein Bein mit angewinkeltem Knie in der Hüfte nach außen rotieren und mit dem Unterschenkel auf der Oberschenkelvorderseite des anderen Beines ablegen, Stützbein mit beiden Händen umgreifen und zum Oberkörper hinziehen, Seitenwechsel	Jeweils 30 Sekunden pro Seite	Dehnposition statisch halten
Dehnung der geraden Bauchmuskulatur	Sphinx-Pose (Yoga)	Positionswechsel in die Bauchlage, Unterarme aufstellen und den Oberkörper anheben so dass der Körper ab dem Becken auf der Matte liegt	Ca. 40 Sekunden	
Dehnung der autochthonen Rückenmuskulatur	Katzenbuckel	Vierfüßlerstand, Arme und Beine mit dem Abstand des Körpers aufstellen; maximaler Katzenbuckel, danach durchhängen der gesamten Wirbelsäule	Ca. 40 Sekunden	Blick zum Boden, Brustwirbel strecken
Dehnung der oberen Rückenmuskulatur	Dehnung der Schulterblattfixatoren	Langsam aus der Kinds-Pose rückenschonend in den Stand gehen, Hände vor dem Körper verschränken, Arme in Schulterhöhe nach vorne strecken und die Schulterblätter nach vorne ziehen	Ca. 40 Sekunden	Kopf nach vorne neigen, Handflächen zeigen nach vorne
Dehnung der Brustmuskulatur	Dehnung der Brustmuskulatur	Hände hinter dem Körper verschränken, Handflächen zeigen zueinander, gestreckte Arme aktiv nach oben bewegen, Oberkörperposition verändert sich nicht	Ca. 40 Sekunden	
Dehnung der seitlichen Bauchmuskulatur	Dehnung der seitlichen Rumpfmuskulatur	Breiter Stand, Arme über den Kopf verschränken, Brustkorb aufgerichtet, Oberkörper leicht zur Seite neigen, Seitenwechsel	Jeweils 30 Sekunden pro Seite	
Abschluss (2 Minuten)				
Verabschiedung der Teilnehmer				

3.4 Begründung

Bei so gut wie allen Übungen wird der Gymnastikball hinzugenommen. Diese Übungen haben viele Vorteile, wie zum Beispiel die Stärkung der Muskeln, der Muskelaufbau, die Verbesserung der inter- und intramuskulären Koordination, Förderung der Geschicklichkeit, Steigerung der Kondition und die Stärkung des Herz-Kreislauf-Apparats. Zudem wird durch den Gymnastikball die Wirbelsäule mobilisiert (Froböse, 2016).

Zudem wurde die Reihenfolge der Übungen so gewählt, dass keine Verwirrung aufkommt. Heißt: Es wird darauf geachtet, dass die Übungen in der Rückenlage, Bauchlage oder auch im Stand so gewählt werden, dass ineinander aufbauen, damit es nicht vorkommt, dass man aus der Rückenlage in die Bauchlage muss und danach wieder in die Rückenlage.

1. Crunches (Gymnastikball)
   Crunches ist eine ideale Übung für die Bauchmuskulatur. Bei Crunches auf dem Gymnastikball wird vor allem die gerade Bauchmuskulatur trainiert. Diese Übung eignet sich besonders gut für Menschen mit Rückenproblemen, denn durch den ständigen Kontakt zum Ball wird die Lendenwirbelsäule geschützt.

2. Russian Twist
   Der Russian Twist ist aufgrund der Rotation eine komplexe und koordinativ stark anspruchsvolle Übung für die seitliche Bauchmuskulatur. Zudem sorgt sie für die Stärkung der Rumpfmuskulatur sowie die Erhöhung der Körperstabilität und Koordination. Unterstützend arbeiten bei dieser Übungsvariante auch die Arme, der Schultergürtel, der Rücken sowie der Hüftbeuger.

3. Butterfly Reverse
   Ziel dieser Übung ist es mit Hilfe eines Gymnastikballes die Muskulatur zu stabilisieren und die Rückenmuskulatur zu stärken. Insbesondere geht die Übung auf die Aktivierung, aber auch auf die Dehnung der Rückenmuskulatur ein.

4. Rumpfbeugen auf dem Gymnastikball

Beim Rumpfbeugen auf dem Gymnastikball wird die Rückenmuskulatur gelockert, die Muskelpartien gedehnt und die Wirbel können ordentlich gestreckt werden.

5. Superman

Die Vorteile dieser Übung sind mehr Kraft und Flexibilität in den Muskeln des unteren Rückens und des Rumpfs. Durch das Rückenstrecken werden hauptsächlich der große Gesäßmuskel und der Rückenstrecker trainiert.

6. Unterarmstütz

Die Unterarmstütz ist eine äußerst effektive Übung für die gesamte Rumpfmuskulatur. Zudem handelt es sich hierbei um eine sogenannte isometrische Belastung, bei der die Muskulatur unter gleichmäßiger Dauerspannung steht.

7. Vierfüßlerstand

Mit dieser funktionellen Ganzkörperübung wird gezielt der gesamte Rumpf, der Rücken sowie die Muskulatur in Gesäß und Beinen gestärkt. Das Halten des Gleichgewichts verbessert zusätzlich die Körperstabilität.

8. Becken heben

Diese Übung ist besonders hilfreich für die Aktivierung und direkte Ansteuerung des Gesäßmuskels. Viele Vielsitzer haben das Problem, das Gesäß nicht richtig anspannen zu können, wobei diese Übung hilft, dem entgegen zu wirken. Hiermit wird zudem die Stärke, das Muskelvolumen, die Schnellkraft und die Schnelligkeit verbessert.

4 Literaturverzeichnis

Eifler, C. (2018). *Studienbrief Gruppentraining 1 (rev.19.026.000). Saarbrücken: Deutsche Hochschule für Prävention und Gesundheit.*

Stemer, W. (2016). Endlich frei von Rückenschmerzen!. *Dein ganzheitliches Rückentraining.* Ort: Einfach besser leben.

Rieder, T. (2006). *Verschiedene Rückentrainingsmethoden im Längsschnitt auf Basis der Back-Check Messungen.* Ort: GRIN Verlag.

Froböse, I. (2016). Effekte beim Trainieren mit dem Gymnastikball. Zugriff am 04.06.2018 verfügbar unter https://der-gymnastikball.de/effekte-mit-dem-gymnastikball/

Leitner, A. (2018). *Zumba – ein neues Gewand.* Zugriff am 04.06.2018 verfügbar unter https://gesundheitstrends.netdoktor.at/a/fitness/zumba--im-neuen-gewand-14741

5 Tabellenverzeichnis